Julien Lamy

Cibersegurança: Sinergia entre SIEM e Inteligência Artificial

Julien Lamy

Cibersegurança: Sinergia entre SIEM e Inteligência Artificial

ScienciaScripts

Cover image: www.ingimage.com

This book is a translation from the original published under ISBN 978-613-8-47831-7.

Publisher:
Sciencia Scripts
is a trademark of
Dodo Books Indian Ocean Ltd. and OmniScriptum S.R.L publishing group

120 High Road, East Finchley, London, N2 9ED, United Kingdom
Str. Armeneasca 28/1, office 1, Chisinau MD-2012, Republic of Moldova, Europe
Managing Directors: Ieva Konstantinova, Victoria Ursu
info@omniscriptum.com

Printed at: see last page
ISBN: 978-620-8-38838-6

Cibersegurança: Sinergia entre
SIEM e Inteligência Artificial

A cibersegurança está a evoluir graças à integração da STEM (Security Tnformation and Event Management) e da inteligência artificial (IA). A STEM centraliza e analisa os eventos de segurança em tempo real, enquanto a IA reforça esta análise com algoritmos capazes de detetar anomalias complexas e ameaças emergentes. Esta sinergia melhora a deteção proactiva de ciberataques, reduz os falsos positivos e acelera a resposta. Ao combinar a automatização e a aprendizagem automática, as equipas de segurança tornam-se mais eficazes face a um cenário de ameaças em constante mudança. Esta dupla é um pilar essencial na proteção dos sistemas modernos.

Julien Lamy
https://www.linkedin.com/in/lamyjulien

1. INTRODUÇÃO

1.1 O contexto da cibersegurança num mundo digital em mutação

A transformação digital está a acelerar a conetividade global, abrindo inúmeras oportunidades para empresas e indivíduos. No entanto, esta evolução é acompanhada por ameaças crescentes no ciberespaço. Os ciberataques, outrora domínio de hackers amadores, são agora orquestrados por actores sofisticados, desde organizações criminosas a Estados-nação.

1.1.1 A dimensão das ameaças actuais

Em 2023, os ataques de ransomware, as violações de dados e as campanhas de phishing causaram perdas estimadas em vários milhares de milhões de dólares a nível mundial. Os sistemas de segurança tradicionais, embora robustos, estão a lutar para acompanhar o ritmo das ameaças cada vez mais complexas, como os ataques de dia zero ou as APT (Ameaças Persistentes Avançadas).

1.1.2 A importância das ferramentas avançadas: SIEM e IA

As soluções de gestão de informações e eventos de segurança (SIEM) e a inteligência artificial (IA) desempenham um papel central nesta batalha. Enquanto o SIEM fornece recolha e análise centralizadas de dados de segurança, a IA amplifica estas capacidades com os seus algoritmos de aprendizagem e de deteção de anomalias. Em conjunto, estas ferramentas formam uma barreira essencial contra as ciberameaças modernas.

1.2 Objectivos do livro

Este livro tem como objetivo explorar:

1. Noções básicas de cibersegurança: terminologia, questões e tipos de ataque.
2. Como funcionam os sistemas SIEM: os seus pontos fortes e limitações.
3. A contribuição da inteligência artificial para a cibersegurança: algoritmos,

aplicações e perspectivas.

4. Integração SIEM-IA: casos de utilização, desafios técnicos e organizacionais.

5. Tendências futuras: Segurança Zero Trust, cibersegurança pós-quântica e muito mais.

2. CONCEITOS FUNDAMENTAIS DE CIBERSEGURANÇA

2.1 Chave de definições e terminologia

A cibersegurança baseia-se em três conceitos fundamentais, frequentemente agrupados sob o acrónimo CIA:

1. Confidencialidade: proteção dos dados sensíveis contra o acesso não autorizado.
2. Integridade: garantia de que os dados não são alterados ou corrompidos.
3. Disponibilidade: garantir que os sistemas e os dados estão acessíveis aos utilizadores autorizados.

2.1.1 Vulnerabilidades, ameaças e ataques

- Vulnerabilidade: Um ponto fraco num sistema ou aplicação. Por exemplo: uma palavra-passe fraca.
- Ameaça: Um evento potencial ou real que pode explorar uma vulnerabilidade.
- Ataque: O ato de explorar uma vulnerabilidade para causar danos.

2.2 Tipologia dos ciberataques modernos

2.2.1 Ransomware

O ransomware encripta os dados das vítimas e exige um resgate em troca da sua desencriptação. Exemplos famosos são o WannaCry e o REvil.

2.2.2 Phishing e Spear Phishing

As campanhas de phishing são concebidas para enganar os utilizadores e levá-los a divulgar informações sensíveis.

2.2.3 Ataques de dia zero

Estes ataques exploram vulnerabilidades que não são conhecidas ou que não foram corrigidas pelos editores de software.

2.2.4 APT (Ameaças Persistentes Avançadas)

Estas ameaças complexas visam organizações específicas durante longos períodos, muitas vezes para fins de espionagem ou sabotagem.

2.3 Principais quadros de segurança

2.3.1 ISO 27001

Esta norma internacional estabelece as melhores práticas para a gestão da segurança da informação.

2.3.2 Quadro de Cibersegurança do NIST

Desenvolvido nos Estados Unidos, fornece uma estrutura para identificar, proteger, detetar, responder e recuperar de incidentes de segurança.

2.3.3 Regulamentos RGPD

O Regulamento Geral sobre a Proteção de Dados (RGPD) impõe requisitos rigorosos em matéria de proteção de dados pessoais às empresas que operam na União Europeia.

2.4 Importância da vigilância proactiva e dos SIEMs

2.4.1 Vigilância proactiva

As empresas não podem continuar a dar-se ao luxo de serem reactivas face aos ciberataques. A monitorização proactiva significa :

- Análise contínua de registos e eventos de rede.

- Correlação de dados para identificar modelos suspeitos.

2.4.2 Papel dos SIEMs na vigilância proactiva

Os SIEM recolhem informações de várias fontes (firewalls, endpoints, servidores, etc.) e analisam-nas para detetar ameaças.

Exemplo de uma ferramenta SIEM :

- Splunk: Fornece visibilidade em tempo real das ameaças e do desempenho do sistema.

- IBM QRadar: Reconhecido pelas suas capacidades avançadas de correlação de eventos.

Os princípios básicos da cibersegurança, combinados com a utilização de ferramentas SIEM, constituem a primeira linha de defesa contra as ameaças digitais. A introdução da IA neste domínio representa um ponto de viragem decisivo, permitindo uma deteção mais rápida e uma resposta automatizada a incidentes.

3. FUNCIONAMENTO DOS SISTEMAS SIEM: ARQUITECTURA, VANTAGENS E LIMITAÇÕES

3.1 Definição e objectivos do SIEM

Os sistemas de gestão de informações e eventos de segurança (SIEM) tornaram-se pilares essenciais das operações de segurança modernas. O seu principal objetivo é proporcionar uma visibilidade centralizada dos eventos de segurança, facilitando simultaneamente a deteção e a resposta a ameaças.

3.1.1 Principais caraterísticas do SIEM

1. Recolha de dados: Os SIEMs agregam registos de eventos de várias fontes, como firewalls, servidores, pontos finais e aplicações.

2. Correlação de eventos: Analisam estes dados para identificar padrões indicativos de atividade maliciosa.

3. Alertas de segurança: Os SIEMs geram alertas quando um evento corresponde a regras predefinidas ou a padrões suspeitos.

4. Relatórios de conformidade: Estes ajudam-no a cumprir os requisitos regulamentares, como o RGPD ou a norma PCI-DSS.

3.1.2 O papel do SIEM numa infraestrutura de cibersegurança

Os SIEMs actuam como uma plataforma central, ligando diferentes ferramentas de segurança. Ligam os pontos entre eventos díspares para detetar ataques complexos, como APTs (Ameaças Persistentes Avançadas).

3.2 Arquitetura típica do SIEM

Um sistema SIEM é constituído por vários componentes interligados, cada um com uma função distinta no processamento e análise dos dados de segurança.

3.2.1 Colectores de dados

Estes módulos extraem registos de eventos de várias fontes:

- Fontes de rede: firewalls, switches, routers.

- Fontes de aplicação: aplicações comerciais, sistemas ERP, bases de dados.

- Fontes de endpoint: Soluções de antivírus, EDR (Deteção e Resposta de Pontos Finais).

Os colectores podem funcionar em tempo real ou por lote para transmitir dados para o SIEM.

3.2.2 Motor de análise e correlação

No coração do sistema SIEM, este componente aplica algoritmos para :

- Correlacionar eventos: Identificar relações entre acções distintas (por exemplo, acesso não autorizado seguido de exfiltração de dados).

- Detetar anomalias: Compare as actividades actuais com padrões históricos para detetar comportamentos invulgares.

3.2.3 Consola de gestão e painéis de controlo

A interface de utilizador SIEM é essencial para as equipas do SOC (Centro de Operações de Segurança). Ela fornece :

- Uma visão geral dos alertas e incidentes actuais.

- Ferramentas de pesquisa e filtragem para investigar eventos específicos.

- Relatórios personalizados para satisfazer as necessidades de conformidade ou de análise estratégica.

3.3 Vantagens do SIEM

3.3.1 Maior visibilidade das ameaças

Ao consolidar os dados de segurança numa localização central, os SIEMs dão às equipas de segurança uma visão completa do estado da sua infraestrutura.

3.3.2 Deteção e resposta rápidas a incidentes

Utilizando mecanismos de correlação e regras pré-configuradas, os SIEM podem alertar as equipas assim que for detectada atividade suspeita, reduzindo os tempos de resposta.

3.3.3 Conformidade regulamentar

Os SIEMs automatizam a geração de relatórios para normas como :

- RGPD: Proteção de dados pessoais.
- HIPAA: Segurança dos dados de saúde.
- PCI-DSS: Transacções seguras com cartões de crédito.

3.3.4 Gestão centralizada de registos

Em vez de gerir manualmente registos díspares, os SIEMs oferecem uma solução unificada que simplifica as investigações pós-incidente e o rastreio da causa principal.

3.4 Limitações dos SIEMs tradicionais

Embora os SIEM sejam ferramentas poderosas, têm limitações que reduzem a sua eficácia face à evolução das ameaças.

3.4.1 Dependência de regras estáticas

Os SIEM tradicionais baseiam-se frequentemente em regras predefinidas para detetar ameaças. Isto coloca dois grandes problemas:

- As regras devem ser constantemente actualizadas para refletir novas ameaças.
- Nem sempre conseguem detetar comportamentos desconhecidos ou inesperados, como os ataques de dia zero.

3.4.2 Falsos positivos

Os SIEM geram frequentemente um grande número de alertas, uma proporção significativa dos quais não tem qualquer importância real. Isto leva a uma sobrecarga de informação para as equipas SOC, que correm o risco de não ver ameaças críticas.

3.4.3 Custo e complexidade elevados

A implementação e a manutenção de um SIEM requerem recursos significativos:

- Hardware: armazenamento de dados, infra-estruturas de rede.
- Humanos: Especialistas para configurar e monitorizar o sistema.

3.4.4 Limites face a ataques sofisticados

Os ataques modernos, como os que utilizam a IA para contornar as defesas, podem iludir os SIEM tradicionais, exigindo soluções mais avançadas que incorporem inteligência artificial. Os SIEM são ferramentas essenciais para as organizações que pretendem reforçar a sua postura de segurança. No entanto, a sua dependência de regras estáticas e a sua incapacidade de lidar eficazmente com anomalias complexas sublinham a necessidade de os complementar com tecnologias mais avançadas, como a inteligência artificial.

4. INTELIGÊNCIA ARTIFICIAL NA CIBERSEGURANÇA

4.1 Introdução à IA e aos seus conceitos

A inteligência artificial (IA) é um domínio interdisciplinar que permite às máquinas simular processos cognitivos humanos, como a aprendizagem, o raciocínio e a resolução de problemas. No contexto da cibersegurança, a IA surgiu como uma tecnologia crucial para lidar com a crescente complexidade das ameaças digitais.

4.1.1 Definição e tipos de IA

1. IA simbólica: baseada em regras explícitas definidas por peritos humanos.
2. Aprendizagem automática (ML): As máquinas aprendem com os dados sem necessitarem de ser explicitamente programadas.
3. Aprendizagem profunda (AP): Uma subcategoria de ML que utiliza redes neurais para resolver problemas complexos, como o reconhecimento de imagens ou a análise comportamental.

4.1.2 A diferença entre a IA tradicional e a aprendizagem automática

- A IA tradicional baseia-se em algoritmos estáticos e regras predefinidas.
- A aprendizagem automática evolui através da análise de novos dados para se adaptar às ameaças emergentes.

4.2 O papel da IA na cibersegurança

A integração da IA na cibersegurança permitiu reforçar as defesas tradicionais a vários níveis, graças às suas capacidades de aprendizagem, análise e automatização.

4.2.1 Deteção de anomalias

Os sistemas de IA analisam o comportamento normal da rede e identificam anomalias que podem indicar uma ameaça.

- Exemplo: Um aumento súbito no tráfego de saída de um servidor pode indicar a exfiltração de dados.

4.2.2 Resposta automatizada a incidentes

A IA pode desencadear automaticamente respostas em caso de ataque, tais como :

- Isolar um dispositivo infetado.

- Bloquear um utilizador suspeito após uma série de ligações falhadas.

4.2.3 Análise preditiva

Graças aos algoritmos de previsão, a IA pode antecipar as ameaças antes de estas se concretizarem. Isto inclui:

- Previsão de ataques de dia zero.

- Identificação de potenciais vulnerabilidades numa infraestrutura.

4.3 Técnicas de IA aplicadas à cibersegurança

A IA baseia-se em algoritmos específicos para detetar e combater ameaças.

4.3.1 Algoritmos de classificação e agrupamento

- Classificação supervisionada: Identifica se um ficheiro é malicioso ou não, com base em amostras rotuladas.

- Agrupamento não supervisionado: Detecta comportamentos atípicos sem rótulos pré-existentes, útil para detetar anomalias desconhecidas.

4.3.2 Análise comportamental: UEBA (Análise do comportamento do utilizador e da entidade)

A UEBA utiliza modelos de IA para analisar o comportamento normal dos utilizadores e detetar desvios significativos.

- Exemplo: Um funcionário descarrega subitamente um volume invulgar de ficheiros.

4.3.3 Modelos preditivos para ataques de dia zero

Os algoritmos de aprendizagem supervisionada ou semi-supervisionada podem prever vulnerabilidades que podem ser exploradas.

4.4 Aplicações práticas da IA

4.4.1 Sistemas híbridos IA-SIEM

Muitas ferramentas modernas combinam as capacidades dos SIEMs e da IA para melhorar a deteção de ameaças.

- Exemplo: O Splunk, com o seu módulo de IA, utiliza a aprendizagem automática para reduzir os falsos positivos.

4.4.2 Deteção de malware com redes neurais

A aprendizagem profunda (DL) é utilizada para analisar ficheiros suspeitos e detetar malware, mesmo os disfarçados para evitar a deteção baseada em assinaturas.

- Exemplo: Uma rede neural convolucional pode analisar ficheiros binários para distinguir o malware dos ficheiros legítimos.

4.4.3 Análise de campanhas de phishing com NLP

O Processamento de Linguagem Natural (PLN) é utilizado para identificar mensagens de correio eletrónico fraudulentas através da análise de padrões linguísticos e metadados.

4.5 Limites e desafios da IA na cibersegurança

Apesar das suas vantagens, a IA não é uma solução perfeita e apresenta uma série de desafios.

4.5.1 Enviesamentos nos dados de treino

Os modelos de IA são tão bons quanto os dados que os alimentam. Um conjunto de dados enviesado pode levar a previsões inexactas ou ineficazes.

- Exemplo: Uma IA treinada apenas em ataques conhecidos pode não detetar novas tácticas.

4.5.2 Vulnerabilidades específicas da IA

Os cibercriminosos utilizam técnicas como o envenenamento de dados para comprometer os algoritmos de IA.

- Exemplo: Introdução de dados falsos para enganar um modelo de deteção de malware.

4.5.3 Excesso de confiança na IA

A IA não deve substituir os peritos humanos. A dependência excessiva pode ser um problema quando se lida com ataques que exigem intuição humana ou análise estratégica. A inteligência artificial está a transformar a cibersegurança, permitindo uma análise mais rápida e precisa das ameaças. No entanto, para maximizar o seu potencial, precisa de ser integrada em soluções robustas, como os SIEM, e acompanhada por conhecimentos humanos especializados.

5. INTEGRAÇÃO DO SIEM E DA INTELIGÊNCIA ARTIFICIAL

5.1 Porquê integrar a IA no SIEM?

A rápida evolução das ciberameaças implica a necessidade de modernizar os sistemas de segurança. Os SIEM tradicionais, embora eficazes, estão a ter dificuldades em satisfazer os requisitos modernos, tais como :

- Deteção de ataques sofisticados.
- Redução de falsos positivos.
- Gerir volumes crescentes de dados.

A integração da IA permite colmatar estas lacunas, acrescentando capacidades de aprendizagem automática, de deteção de anomalias e de automatização avançada.

5.2 Vantagens da integração SIEM-IA

5.2.1 Reforçar a deteção de ameaças

Os SIEMs com IA são capazes de analisar grandes volumes de dados para identificar padrões subtis de comportamento malicioso.

- Exemplo: Identificar o ransomware antes de ser ativado, detectando movimentos laterais suspeitos.

5.2.2 Automação inteligente

A IA permite automatizar não só respostas normalizadas, mas também acções complexas.

- Exemplo: Quando várias tentativas de acesso falham numa conta, o SIEM pode bloquear automaticamente o utilizador enquanto notifica a equipa SOC.

5.2.3 Redução de falsos positivos

Os SIEM tradicionais geram muitos alertas redundantes ou irrelevantes. Com a IA, os algoritmos de filtragem adaptativa reduzem consideravelmente este problema.

5.2.4 Deteção de ataques de dia zero

Ao analisar os padrões de comportamento, a IA pode prever e neutralizar ataques que ainda são desconhecidos das bases de dados de assinaturas.

5.2.5 Conformidade optimizada

A IA pode automatizar a criação de relatórios complexos para cumprir os requisitos regulamentares, simplificando as auditorias.

5.3 Estudos de caso sobre a integração SIEM-IA

5.3.1 Deteção de anomalias na rede com aprendizagem automática

Num ambiente híbrido (nuvem e local), um SIEM tradicional teria dificuldade em analisar todos os registos. Com a IA :

- Os algoritmos de agrupamento detectam ligações invulgares entre sistemas que normalmente não comunicam.

- Os alertas são classificados por ordem de prioridade para que os incidentes críticos sejam tratados em primeiro lugar.

5.3.2 Proteção contra campanhas avançadas de phishing

A integração de tecnologias como o processamento da linguagem natural (PNL) permite identificar mensagens de correio eletrónico maliciosas graças à :

- Uma análise semântica para identificar modelos de engenharia social.

- Pontuação automatizada para atribuir um nível de risco a cada mensagem.

5.3.3 Análise em tempo real da atividade do ponto final

As soluções híbridas SIEM-IA podem monitorizar os pontos finais (PCs, smartphones, IoT) em tempo real e detetar :

- Acesso não autorizado.

- A presença de aplicações maliciosas.

5.4 Desafios técnicos e organizacionais

Apesar das suas vantagens, a integração SIEM-IA pode colocar desafios significativos.

5.4.1 Custo e complexidade da implementação

- As infra-estruturas SIEM requerem actualizações de hardware e software para incorporar capacidades de IA.

- As equipas precisam de ser formadas na utilização destas novas tecnologias.

5.4.2 Gestão de dados sensíveis

Os SIEM recolhem dados críticos sobre utilizadores e sistemas. Com a IA, estes dados têm de ser protegidos contra utilização indevida ou potenciais fugas.

5.4.3 Vulnerabilidades específicas da IA

Como já foi referido, os algoritmos de aprendizagem automática podem ser manipulados por ataques sofisticados (por exemplo, envenenamento de dados).

5.4.4 Resistência à mudança

A adoção de uma tecnologia tão avançada exige uma mudança cultural nas organizações, que se deparam frequentemente com resistências internas.

5.5 Caso de estudo: Solução SIEM-IA numa grande empresa

Contexto

Uma multinacional do sector financeiro pretendia melhorar a sua postura de cibersegurança após ter sofrido um ataque direcionado. A sua infraestrutura incluía :

- Um SIEM clássico.

- Várias ferramentas de deteção de intrusão.

Solução implementada

- Adição de um módulo de aprendizagem automática ao SIEM para detetar anomalias comportamentais.

- Integração de modelos de IA para analisar as mensagens de correio eletrónico recebidas.

- Automatizar respostas com um orquestrador baseado em IA.

Resultados

1. Redução de 70% nos falsos positivos gerados pelo SIEM.

2. Deteção em tempo real de tentativas de exfiltração através de canais não seguros.

3. Tempo médio de resposta reduzido em 45%.

5.6 Visão futura da integração SIEM-IA

O futuro dos SIEMs inteligentes está na :

- Integração ainda maior com as tecnologias de computação em nuvem e de computação periférica.

- Maior utilização da IA generativa para analisar e responder às ameaças.

- Convergência com plataformas XDR (Extended Detection and Response) para proporcionar uma visão holística da segurança organizacional.

6. PRÓXIMAS TENDÊNCIAS E INOVAÇÕES EM MATÉRIA DE CIBERSEGURANÇA

6.1 Factores de mudança na cibersegurança

A rápida evolução das ameaças digitais e a adoção de novas tecnologias estão a transformar o panorama da cibersegurança. As tendências emergentes estão a moldar as prioridades e estratégias empresariais, incluindo:

1. O aumento dos ciberataques sofisticados, como o ransomware modular e os ataques que utilizam IA ofensiva.

2. A proliferação de ambientes híbridos e multi-nuvem**, aumentando a superfície de ataque.

3. A adoção crescente do modelo Zero Trust, que coloca a identidade e o acesso no centro das estratégias de segurança.

6.2 Automação avançada do SOC: Rumo ao SOC 2.0

6.2.1 SOCs tradicionais vs. SOCs inteligentes

Os Centros de Operações de Segurança (SOC) tradicionais baseiam-se em processos manuais para a deteção e resposta a incidentes. No entanto, são frequentemente :

- Limitada pelos recursos humanos.

- O volume crescente de alertas é demasiado grande.

Os SOCs inteligentes apoiados pela IA e os SIEMs modernos permitem :

- Automatização completa das tarefas de rotina.

- Priorização de incidentes com base em modelos de aprendizagem automática.

- Resposta mais rápida graças aos manuais automatizados.

6.2.2 Exemplos de SOC 2.0

- Análise preditiva de ataques: Ao monitorizar as tendências globais, o SOC 2.0 antecipa as ameaças antes que estas atinjam a organização.

- Redes neuronais para a deteção de fraudes: Utilizadas no sector bancário para identificar transacções suspeitas.

6.3 A ascensão das plataformas XDR

6.3.1 Definição e objectivos da XDR

O XDR (Extended Detection and Response) é uma evolução do SIEM e do EDR (Endpoint Detection and Response). Esta plataforma fornece :

- Uma visão unificada de todas as ameaças.

- Capacidade de resposta integrada em terminais, na rede e na nuvem.

6.3.2 Diferenças entre XDR e SIEM

Aspect	**SIEM**	**XDR**
Recolha de dados	Baseado em registos	Dados + telemetria
Deteção de ameaças baseada em regras	Deteção de ameaças baseada em IA	
Resposta	Limitada	Automatizada e integrada

6.3.3 Vantagens do XDR

1. Deteção optimizada de ameaças complexas

2. Redução do tempo médio de deteção (MTTD) e de resposta (MTTR).

3. Análise contextual de ataques através da ligação de eventos em diferentes domínios.

6.4 O surgimento de modelos de confiança zero

O conceito de confiança zero baseia-se na ideia de que a segurança deve ser mantida independentemente da localização ou da confiança aparente de um utilizador ou dispositivo.

6.4.1 Princípios fundamentais da Confiança Zero

1. Verificação sistemática: Todos os acessos são verificados, mesmo para utilizadores internos.

2. Menos privilégios: Aos utilizadores e às aplicações são concedidas apenas as autorizações estritamente necessárias.

3. Monitorização contínua: O comportamento é continuamente monitorizado para detetar actividades suspeitas.

6.4.2 Integrar a confiança zero com o SIEM e a IA

- Os SIEMs recolhem registos para detetar violações da política de Confiança Zero.

- A IA monitoriza o comportamento dos utilizadores para identificar desvios em relação às normas estabelecidas.

6.5 Cibersegurança e computação quântica

6.5.1 O impacto da computação quântica na segurança

A computação quântica promete avanços significativos, mas também coloca uma série de desafios:

1. Avanço nos algoritmos criptográficos actuais: Os computadores quânticos poderiam quebrar os sistemas RSA e ECC.

2. Novos algoritmos de encriptação: Desenvolvimento da criptografia pós-quântica.

6.5.2 IA e criptografia pós-Quântica

A IA desempenha um papel crucial na análise e otimização de novos protocolos criptográficos resistentes ao poder quântico.

6.6 Segurança para ambientes IoT e Edge

6.6.1 Crescimento da IoT

Os objectos ligados (IoT) estão a multiplicar-se rapidamente nos sectores industrial, médico e doméstico, criando pontos de entrada para ciberataques.

6.6.2 O papel do SIEM e da IA na segurança da IoT

1. SIEM: monitorização centralizada de eventos IoT.

2. IA: Deteção de anomalias específicas dos dispositivos IoT, como picos de atividade na rede ou comportamentos desviantes.

6.6.3 Ambientes periféricos e cibersegurança

As arquitecturas de ponta exigem sistemas de segurança descentralizados. A IA permite a análise local das ameaças para minimizar a latência e garantir uma resposta rápida.

6.7 Ciberameaças ofensivas baseadas na IA

6.7.1 Utilização da IA pelos cibercriminosos

1. Deepfakes para fraudes sofisticadas: Utilizar a IA para imitar vozes ou vídeos para fins de fraude.

2. Malware polimórfico: Malware que altera a sua assinatura para evitar a deteção.

6.7.2 Contramedidas com IA

- Deteção de deepfakes utilizando algoritmos de aprendizagem supervisionada.

- Identificação de malware polimórfico utilizando análise comportamental.

As tendências emergentes no domínio da cibersegurança realçam a importância crescente das tecnologias baseadas na IA e de abordagens inovadoras como a Zero Trust e a XDR. Estes avanços permitirão uma resposta eficaz aos desafios colocados pelas ciberameaças modernas, ao mesmo tempo que preparam as empresas para futuras convulsões tecnológicas, incluindo a era da computação quântica.

7. ESTUDOS DE CASOS E RECOMENDAÇÕES ESTRATÉGICAS

7.1 Estudos de casos

Esta secção explora exemplos concretos de como os SIEM e a IA estão a ser integrados em várias indústrias para reforçar a sua postura de cibersegurança. Estes estudos de caso ilustram os benefícios, os desafios e os resultados alcançados pelas empresas que adoptam estas tecnologias.

7.1.1 Setor bancário: Proteção contra a fraude

Contexto

Um banco internacional geria um enorme volume de transacções diárias em milhares de pontos de contacto (em linha, agências físicas, terminais de pagamento). Enfrentava :

- Um surto de fraudes de engenharia social.

- Ataques automatizados contra os seus sistemas de autenticação.

Solução implementada

- Integração de um SIEM avançado para recolher e correlacionar registos de terminais bancários, APIs online e sistemas de pagamento.

- Adição de modelos de aprendizagem automática para identificar anomalias transaccionais.

Resultados

1. As perdas financeiras devidas à fraude foram reduzidas em 65% num ano.

2. Deteção proactiva de contas comprometidas antes de serem exploradas.

3. Melhoria das auditorias de conformidade graças aos relatórios automatizados gerados pelo SIEM.

7.1.2 Setor da saúde: Proteção dos dados dos doentes

Contexto

Uma rede de hospitais sofreu um ataque de ransomware que visou a sua infraestrutura informática, ameaçando os registos médicos de milhões de pacientes.

Solução implementada

- Implementação de um sistema SIEM combinado com uma ferramenta de IA especializada na deteção de ransomware.

- Resposta automatizada a incidentes, como a colocação em quarentena de sistemas comprometidos.

- Implementação de uma estratégia de confiança zero para o acesso a dados sensíveis.

Resultados

1. Neutralize o ransomware antes que este encripte ficheiros críticos.
2. Maior resiliência graças às simulações regulares de ataques efectuadas por IA.
3. Reforço do cumprimento da regulamentação, nomeadamente do RGPD.

7.1.3 Indústria: Proteção das linhas de produção

Contexto

Uma empresa de fabrico que utiliza sistemas IoT nas suas linhas de produção sofreu interrupções causadas por intrusões maliciosas.

Solução implementada

- Adoção de um SIEM para centralizar os dados dos seus sensores IoT.

- Análise de anomalias de rede utilizando algoritmos de aprendizagem automática.

Resultados

1. Identificação rápida de tentativas de acesso não autorizado a sistemas de

produção.

2. Redução de 50% nas interrupções devido a incidentes de segurança.

3. Melhoria da eficiência operacional através da monitorização proactiva do equipamento.

7.2 Recomendações estratégicas

Para tirar o máximo partido das capacidades do SIEM e da IA, as organizações precisam de seguir determinadas práticas recomendadas.

7.2.1 Investir numa infraestrutura segura e escalável

1. Sistemas escaláveis: Escolha plataformas que possam adaptar-se ao crescimento dos seus dados e a novos tipos de ameaças.

2. Convergência da nuvem e SIEM: Adotar soluções nativas da nuvem para uma melhor integração com ambientes híbridos e multi-nuvem.

7.2.2 Formação de equipas e incentivo à colaboração

1. Formação contínua: Familiarize as suas equipas com ferramentas de análise baseadas em IA e com a utilização de SIEM modernos.

2. Colaboração entre departamentos: Integrar os esforços das equipas de TI, segurança e negócios para uma resposta mais coordenada aos incidentes.

7.2.3 Automatização e orquestração de respostas

1. Implementar manuais automatizados: configurar cenários para responder automaticamente aos incidentes mais comuns.

2. Orquestração avançada: Integre seus SIEMs com ferramentas SOAR (Orquestração, Automação e Resposta de Segurança) para automatizar fluxos de trabalho complexos.

7.2.4 Monitorização contínua e análise comportamental

1. Utilize soluções UEBA (Análise do comportamento do utilizador e da entidade) para monitorizar comportamentos anómalos.

2. Integrar algoritmos de deteção de anomalias para identificar ameaças emergentes.

7.2.5 Integração de uma abordagem "Zero Trust

1. Limitar os privilégios: Aplicar restrições rigorosas aos direitos de acesso para limitar o impacto das violações.

2. Auditoria contínua: implementar soluções de autenticação multi-fator e políticas de renovação de sessões.

7.2.6 Avaliação e teste regulares dos sistemas

1. Testes de intrusão: Simular ataques para avaliar as capacidades de deteção e resposta dos seus sistemas SIEM-IA.

2. Auditorias regulares: Estabelecer processos de auditoria para validar a conformidade e detetar potenciais pontos fracos.

Estes estudos de caso e recomendações mostram que a integração do SIEM e da IA é uma alavanca poderosa para melhorar a cibersegurança organizacional. Ao adotar estas abordagens estratégicas, as empresas podem proteger-se melhor contra ameaças actuais e futuras, optimizando simultaneamente os seus recursos e processos.

8. COMPARAÇÃO DAS FERRAMENTAS SIEM E AI DISPONÍVEIS NO MERCADO

8.1 Visão geral das ferramentas SIEM

As soluções SIEM actuais estão em constante evolução para satisfazer as necessidades em constante mudança das empresas. Incorporam funcionalidades avançadas baseadas em inteligência artificial para responder aos desafios modernos da cibersegurança. Esta secção compara algumas das soluções mais populares, destacando as suas funcionalidades e casos de utilização.

8.1.1 Splunk

Caraterísticas principais

- Análise avançada de ameaças em tempo real.

- Integração perfeita com ferramentas de automatização como o SOAR.

- Capacidade para gerir ambientes híbridos (na nuvem e no local).

Benefícios

- Ecossistema rico em integrações de terceiros.

- Capacidades robustas de aprendizagem automática através do Splunk Machine Learning Toolkit.

- Interface de utilizador intuitiva para a gestão de incidentes.

Casos de utilização

- Acompanhamento de ambientes complexos nos sectores financeiro e tecnológico.

- Deteção proactiva de ameaças graças a painéis de controlo personalizáveis.

8.1.2 IBM QRadar

Caraterísticas principais

- Correlação de eventos em tempo real para detetar ameaças avançadas.

- Integração com o Watson AI para uma análise contextual aprofundada.

- Gestão de riscos em conformidade com normas como o PCI-DSS e o GDPR.

Benefícios

- Forte capacidade de deteção de ameaças internas.

- Funcionalidades avançadas de elaboração de relatórios para auditorias.

- Fácil integração com as ferramentas comerciais existentes.

Casos de utilização

- Garantir a segurança das infra-estruturas críticas nos sectores da administração pública e da energia.

- Reduz os falsos positivos em ambientes de grande volume de dados.

8.1.3 Sentinela do Azure

Caraterísticas principais

- Plataforma nativa da nuvem para monitorização da segurança.

- Algoritmos de IA para detetar e responder a ameaças automaticamente.

- Escalabilidade graças à integração com outros serviços Azure.

Benefícios

- Ideal para organizações com infra-estruturas que priorizam a nuvem.

- Relatórios em tempo real e personalizáveis.

- Custos competitivos com um modelo de preços baseado no consumo. Casos de utilização

- Monitorização de ambientes multi-cloud e híbridos.

- Resposta rápida a incidentes em infra-estruturas de nuvem dinâmicas.

8.1.4 ArcSight Enterprise Security Manager (ESM)

Caraterísticas principais

- Capacidade de analisar milhares de milhões de eventos por dia.

- Motor de análise baseado em regras e aprendizagem automática.

- Suporte multi-tenant para MSSPs (Managed Security Service Providers).

Benefícios

- Ideal para grandes organizações com requisitos complexos.

- Ecossistema robusto para uma rápida deteção e resposta a ameaças.

- Capacidades avançadas de personalização.

Casos de utilização

- Gestão da segurança em ambientes de grande escala, como as instituições financeiras.

- Prevenção de ataques direcionados graças a algoritmos sofisticados.

8.2 Integração das capacidades de IA nos SIEM

As funcionalidades de inteligência artificial enriquecem as soluções SIEM, acrescentando capacidades de deteção e resposta mais inteligentes. Segue-se uma análise comparativa das funcionalidades de IA nestas ferramentas:

Solution	Apprentissage Automatique	Détection d'Anomalies	Automatisation	Rapports Basés sur l'IA
Splunk ES	Oui	Oui	Avancée	Très détaillés
IBM QRadar	Oui (via Watson)	Oui	Modérée	Contextuels et dynamiques
Azure Sentinel	Oui	Oui	Très avancée	Personnalisables en temps réel
ArcSight ESM	Oui	Modérée	Modérée	Standards mais extensibles

8.3 Recomendações para a escolha de uma solução STEM-TA

8.3.1 Identificar as necessidades da organização

- Dimensão da empresa: Uma PME tem necessidades diferentes das de uma multinacional.

- Ambiente TT: Favorecer uma solução nativa da nuvem para infra-estruturas multi-nuvem.

8.3.2 Concentrar-se na escalabilidade e na integração

- Opte por um STEM capaz de lidar com volumes crescentes de dados e que se integre facilmente nos seus sistemas existentes.

8.3.3 Considerar o apoio e os custos

- Apoio técnico: Certifique-se de que a solução que escolher oferece um apoio adequado às suas equipas.

- Modelo de preços: Pense se os custos estão de acordo com os seus orçamentos, especialmente no caso de soluções baseadas no consumo.

8.4 Visão futura das ferramentas SIEM-IA

À medida que as ameaças evoluem, as ferramentas SIEM-IA do futuro incorporarão inovações como :

- Cibersegurança preditiva: Utilizar a IA generativa para simular e antecipar as tácticas dos atacantes.

- Segurança descentralizada: monitorização e resposta na periferia para arquitecturas IoT e de computação periférica.

- Integração com a cadeia de blocos: Garantir a integridade dos dados de registo utilizando cadeias de blocos seguras.

As ferramentas SIEM com IA representam um avanço significativo para as empresas que procuram reforçar a sua segurança. A escolha da solução ideal depende de uma série de factores, incluindo o ambiente de TI, as necessidades específicas e as restrições orçamentais.

9. DESENVOLVIMENTO DE UMA ESTRATÉGIA GLOBAL PARA A INTEGRAÇÃO DO SIEM E DA IA

9.1 Introdução ao planeamento estratégico

A integração eficaz das soluções SIEM e IA requer uma estratégia global que alinhe os objectivos de cibersegurança com as necessidades operacionais e os recursos disponíveis. Essa abordagem garante:

- Proteção proactiva contra ameaças emergentes.
- Otimização dos custos e dos recursos humanos.
- Cumprimento permanente da regulamentação em vigor.

9.2 Passos para desenvolver uma estratégia SIEM-IA

Eis os principais passos para conceber e implementar uma estratégia de sucesso.

9.2.1 Fase 1: Avaliação das necessidades e contexto organizacional

Análise de ameaças

- Identificar os principais riscos e ameaças específicos do seu sector (por exemplo, ransomware, phishing direcionado, etc.).
- Analisar o historial de incidentes para identificar os pontos fracos actuais.

Mapeamento da infraestrutura de TI

- Identificar todos os activos digitais (aplicações, redes, pontos finais, nuvem, IoT).
- Identificar ambientes críticos que requerem monitorização prioritária.

Avaliação das competências actuais

- Examinar as ferramentas existentes para identificar lacunas, especialmente na recolha de registos, correlação de eventos e resposta a incidentes.

- Avaliar as competências internas em matéria de gestão do SIEM e da IA.

9.2.2 Etapa 2: Definição dos objectivos

Objectivos a curto prazo

- Reduzir o tempo médio de deteção (MTTD) de ameaças.

- Automatize as respostas a incidentes comuns.

Objectivos a longo prazo

- Implementar monitorização preditiva para antecipar ataques.

- Desenvolver capacidades internas para analisar ameaças avançadas.

9.2.3 Etapa 3: Seleção de ferramentas e tecnologias

Critérios de seleção

- Escalabilidade: Suporta o crescimento futuro de dados e utilizadores.

- Automatização: Inclui funcionalidades SOAR e manuais predefinidos.

- Fácil de integrar: compatível com as ferramentas existentes (firewalls, EDR, etc.).

Avaliação de fornecedores

- Compare as soluções em pontos-chave: custos, apoio técnico, flexibilidade.

- Testar várias ferramentas através de demonstrações ou POC (prova de conceito).

9.2.4 Fase 4: Aplicação progressiva

Fase 1: Implantação inicial

- Instalar o SIEM para centralizar os registos.

- Configurar as regras básicas para a deteção de incidentes críticos.

Fase 2: Integração da IA

- Implementar algoritmos de aprendizagem automática para analisar anomalias.
- Treinar modelos com dados históricos para melhorar a sua precisão.

Fase 3: Automatização e otimização

- Integrar fluxos de trabalho automatizados para responder a ameaças frequentes.
- Monitorizar o desempenho da ferramenta e ajustar as regras e os modelos.

9.2.5 Etapa 5: Controlo e avaliação

Indicadores-chave de desempenho (KPI)

1. Redução do tempo médio de deteção (MTTD).
2. Redução do tempo médio de resposta (MTTR).
3. Percentagem de incidentes resolvidos automaticamente.
4. Redução dos falsos positivos.

Feedback contínuo

- Recolher feedback das equipas SOC sobre a funcionalidade e o desempenho.
- Ajustar as prioridades em função de novas ameaças e objectivos.

9.3 Otimização de recursos e formação

Um dos principais desafios consiste em colmatar o fosso entre as tecnologias avançadas e as competências das nossas equipas.

9.3.1 Formação contínua

1. Módulos técnicos: Concentram-se na análise de registos, na criação de regras SIEM e na gestão de algoritmos de IA.
2. Simulações de ameaças: formar equipas para gerir ataques simulados num

ambiente controlado.

9.3.2 Recrutamento e parcerias

1. Recrutar especialistas em análise comportamental e aprendizagem automática.
2. Colaborar com os fornecedores do MSSP para colmatar as lacunas de especialização.

9.4 Cálculo do retorno do investimento (ROI)

A integração de soluções SIEM-IA representa um investimento significativo. O cálculo do ROI permite justificar estes custos.

9.4.1 Metodologia

- Custos: Incluir os custos iniciais (licenças, formação, pessoal) e os custos operacionais.
- Benefícios: Quantificar os benefícios, tais como a redução das perdas devidas a incidentes ou o tempo poupado pela automatização.

9.4.2 Exemplo de estudo

- Uma organização que gastou 500.000 dólares numa implementação SIEM-IA poupou 1.000.000 dólares em custos relacionados com incidentes ao longo de dois anos, obtendo um ROI de 100%.

O desenvolvimento de uma estratégia abrangente para SIEM e IA é um passo essencial para as organizações modernas. Ao seguir estes passos, estas podem não só reforçar a sua postura de segurança, mas também obter ganhos significativos em termos de eficiência operacional e resiliência.

10. INOVAÇÕES FUTURAS E CIBERSEGURANÇA SUSTENTÁVEL

10.1 Introdução às tendências emergentes

O domínio da cibersegurança está a evoluir rapidamente em resposta a ameaças cada vez mais sofisticadas. As inovações do futuro combinam tecnologias avançadas e estratégias sustentáveis para :

- Proteção das infra-estruturas críticas.
- Manter a resiliência face aos ciberataques.
- Garantir a conformidade contínua com regulamentos em constante mudança.

10.2 Principais inovações tecnológicas

10.2.1 Criptografia pós-Quântica

Definição

Com o aparecimento da computação quântica, os algoritmos criptográficos tradicionais, como o RSA e o ECC (Elliptic Curve Cryptography), estão a tornar-se vulneráveis. A criptografia pós-quântica utiliza algoritmos que são resistentes aos cálculos do computador quântico.

Casos de utilização

1. Proteção das comunicações sensíveis (governo, finanças).
2. Proteção dos dados IoT, que são particularmente vulneráveis a ataques pós-quânticos.

Benefícios

- Prepara as organizações para a inevitável transição tecnológica.
- Protege dados críticos contra adversários futuristas capazes de os armazenar hoje para os desencriptar amanhã.

10.2.2 Inteligência Artificial Generativa na Cibersegurança

Definição

A IA generativa, como os modelos linguísticos avançados, é utilizada para simular ameaças, conceber defesas dinâmicas e gerar soluções personalizadas em tempo real.

Aplicações

1. Cibersegurança preditiva: Simular as tácticas dos atacantes para antecipar os seus movimentos.

2. Respostas automatizadas: Geração de scripts ou manuais personalizados para responder a ataques desconhecidos.

Riscos associados

- Utilizado por actores maliciosos para automatizar ataques sofisticados.
- Geração de código malicioso mais complexo e mais difícil de detetar.

10.2.3 Proteger ambientes de IoT e de computação periférica

Desafios actuais

1. Superfície de ataque alargada devido à proliferação de dispositivos IoT.

2. Deteção e resposta complexas em arquitecturas descentralizadas.

Soluções inovadoras

- Análise comportamental baseada em IA: Detecta anomalias em dispositivos IoT na extremidade da rede.
- Blockchain para integridade de dados: Garante a imutabilidade dos registos de eventos críticos.

10.2.4 Ciberdefesa automática baseada em IA

Caraterísticas

- Monitorização contínua dos sistemas críticos.

- Identificação de ameaças em tempo real com taxas de precisão elevadas.

Exemplo: Sistemas de auto-reparação

Sistemas capazes de se repararem a si próprios após um ataque: corrigir vulnerabilidades, isolar componentes infectados e restaurar configurações iniciais.

10.3 Abordagem sustentável da cibersegurança

10.3.1 Cibersegurança ecológica

Problema

A utilização de sistemas SIEM e de IA consome quantidades significativas de energia, o que aumenta a pegada de carbono da organização.

Soluções ecológicas

1. Otimizar os algoritmos de IA: Reduzir os ciclos de formação e melhorar a eficiência energética.

2. Adotar a nuvem ecológica: Utilizar centros de dados alimentados por energias renováveis.

10.3.2 Resiliência organizacional

Definição

A cibersegurança sustentável depende da resiliência a longo prazo face a ameaças evolutivas e imprevisíveis.

Principais componentes

1. Redundância: Implementação de sistemas de backup robustos.

2. Simulação de cenários: Testes regulares de ameaças emergentes e potenciais catástrofes.

3. Reforço das parcerias: Colaboração com iniciativas mundiais no domínio da

cibersegurança (por exemplo, o Cybersecurity Tech Accord).

10.4 Implicações éticas da IA na cibersegurança

10.4.1 Riscos de abuso

1. Ofensiva de IA: Desenvolvimento de ferramentas de ataque por Estados ou actores maliciosos.

2. Discriminação algorítmica: Vieses incorporados nos modelos que conduzem a decisões injustas ou incorrectas.

10.4.2 Recomendações éticas

1. Transparência dos algoritmos: Auditorias regulares das ferramentas baseadas em IA para evitar abusos.

2. Regulamentação clara: Criação de leis internacionais que regulem a utilização da IA na cibersegurança.

10.5 Visão de futuro

10.5.1 Hiper-personalização das defesas

Os sistemas de segurança aprenderão dinamicamente os comportamentos específicos de cada organização, de modo a antecipar os ataques.

10.5.2 Colaboração inter-organizacional

As empresas partilharão bases de dados comuns sobre ameaças, facilitando uma defesa colectiva contra os ciberataques.

10.5.3 Automatização total

Os SOCs tornar-se-ão em grande parte autónomos, libertando os analistas humanos para se concentrarem em tarefas estratégicas. A adoção de tecnologias avançadas, como a IA generativa e a criptografia pós-quântica, combinada com abordagens sustentáveis e éticas, será fundamental para proteger as organizações num mundo cada vez mais conectado e complexo.

11. RESUMO E MELHORES PRÁTICAS PARA INTEGRAR A SIEM E A IA NA CIBERSEGURANÇA

11.1 Resumo dos pontos principais

A combinação das tecnologias SIEM e IA representa uma revolução na cibersegurança. Eis as principais conclusões das secções anteriores:

1. O papel do SIEM e da IA:

- O SIEM fornece monitorização centralizada e análise de registos.

- A IA melhora as capacidades do SIEM, automatizando a deteção e a resposta a ameaças.

2. e oportunidades:

- Desafios: Complexidade da integração, falsos positivos, formação da equipa.

- Oportunidades: Automatização, maior precisão, previsão de ameaças.

3. Soluções SIEM-IA populares:

- Splunk ES, IBM QRadar, Azure Sentinel, ArcSight ESM.

- Cada ferramenta oferece vantagens específicas adaptadas a diferentes contextos organizacionais.

4. Estratégias e inovações futuras:

- Criptografia pós-quântica e IA generativa.

- Abordagens sustentáveis para minimizar a pegada energética.

11.2 Melhores práticas para uma integração bem-sucedida

11.2.1 Fases preliminares

1. Avaliação das necessidades internas

- Identificar dados críticos e ameaças específicas do seu sector.

- Analisar as ferramentas existentes para identificar lacunas.

2. Compromisso das partes interessadas

- Envolver os gestores empresariais, as equipas de TI e os analistas SOC desde o início do projeto.

- Sensibilizar os gestores para os benefícios e custos associados à integração.

11.2.2 Fase de implementação

3. Implantação progressiva

- Comece com uma fase piloto para testar as capacidades dos modelos SIEM e IA.

- Alargar gradualmente a implantação a outras partes da organização.

4. Automação inteligente

- Implementar manuais automatizados para incidentes recorrentes.

- Para ameaças complexas, opte por uma resposta semi-automática, com validação humana.

5. Monitorização contínua

- Configure alertas inteligentes para evitar falsos positivos.

- Avaliar regularmente o desempenho das ferramentas de IA, analisando os dados recolhidos.

11.2.3 Formação e adaptabilidade

6. Reforço das competências

- Formar as equipas SOC em novas funcionalidades de IA e metodologias de gestão SIEM.

- Organizar exercícios de simulação para manter a sua capacidade de resposta.
7. Flexibilidade e possibilidade de atualização

- Adotar ferramentas escaláveis capazes de se adaptarem a novas ameaças.

- Incorporar modelos de IA que sejam regularmente actualizados para refletir as últimas tendências em matéria de cibersegurança.

11.2.4 Otimização dos custos

8. Priorização dos investimentos

- Invista em funcionalidades alinhadas com as suas prioridades estratégicas (por exemplo, deteção de ameaças internas).

- Opte por soluções modulares para um melhor controlo dos custos.

9. Trabalhar com parceiros externos

- Externalizar certos aspectos, como a gestão de alertas ou o apoio, a MSSP (prestadores de serviços de segurança geridos).

11.2.5 Controlo pós-implantação

10. Medição de resultados

- Avaliar a eficácia da integração com KPIs, tais como :

- Redução do tempo médio de deteção (MTTD).

- Redução dos falsos positivos.

- Número de incidentes resolvidos automaticamente.

11. Feedback e melhoria contínua

- Recolher regularmente feedback dos utilizadores e dos analistas do SOC.

- Adaptar as estratégias a novas ameaças e desenvolvimentos tecnológicos.

11.3 Perspectivas a longo prazo

A integração das STEM e da MT não se limita a uma única implementação. um processo contínuo. Para manter uma cibersegurança sólida a longo prazo:

1. Inovação contínua

- Adotar tecnologias emergentes, como a IA generativa e a cibersegurança preditiva.

- Explore soluções específicas para sectores sensíveis, como a IoT e a computação periférica.

2. Abordagem colaborativa

- Participar em iniciativas globais para partilhar informações sobre ameaças.

- Reforçar as relações com as entidades reguladoras e os parceiros tecnológicos.

3. Responsabilidade e ética

- Incorporar princípios éticos na utilização da IA para evitar abusos.

- Promover a cibersegurança sustentável reduzindo o impacto ambiental das infra-estruturas.

O tandem SIEM e IA está a transformar a cibersegurança moderna, fornecendo capacidades avançadas de deteção, análise e resposta a ameaças. No entanto, o sucesso desta integração depende de um planeamento rigoroso, de uma execução metódica e de um compromisso contínuo com a inovação e a sustentabilidade. Com uma estratégia bem concebida, as organizações podem não só reforçar a sua postura de segurança, mas também otimizar os seus recursos, cumprir os regulamentos e permanecer resilientes face a um ambiente de ameaças em constante mudança.

12. ESTUDOS DE CASO: IMPLANTAÇÕES BEM SUCEDIDAS DE SIEM E AI NA CIBERSEGURANÇA

12.1 Introdução aos estudos de caso

A análise de experiências reais de integração SIEM-IA fornece uma perspetiva prática sobre os desafios e sucessos associados a estas soluções. Os estudos de caso fornecem informações sobre :

- As metodologias utilizadas por várias organizações.

- Os benefícios obtidos e as lições aprendidas.

- Os ajustamentos necessários para os diferentes sectores.

12.2 Estudo de Caso 1: Um Banco Multinacional

Contexto

Um banco internacional, que lida com milhares de milhões de transacções todos os dias, estava a enfrentar um aumento das ameaças avançadas, incluindo ataques de ransomware e fraudes internas.

Objectivos

1. Reduzir o tempo médio de deteção (MTTD).

2. Automatize as respostas a ameaças comuns.

3. Proteger os dados sensíveis dos clientes contra fugas.

Implementação

1. Implementação do SIEM

- Solução escolhida: Splunk Enterprise Security.
- Razões: A sua capacidade para processar grandes volumes de dados em tempo real e detetar anomalias nas transacções.

- Acções: Recolha centralizada de registos de eventos de servidores, pontos finais e aplicações bancárias.

2. Integração da IA

- Ferramenta utilizada: Aprendizagem automática Splunk combinada com algoritmos de terceiros para análise comportamental.

- Papel da IA: Identificação de transacções suspeitas com base em modelos comportamentais.

3. Automatização com SOAR

- Implementação de manuais automatizados para responder a actividades maliciosas detectadas, como o bloqueio automático de contas comprometidas.

Resultados obtidos

Benefícios

1. MTTD reduzido de 2 dias para menos de 5 minutos.

2. Redução das perdas financeiras: Prevenção de fraudes estimada em 15 milhões de dólares no primeiro ano.

3. Conformidade melhorada**: Certificação melhorada com reguladores (GDPR, PCI-DSS).

Desafios

- Elevada curva de aprendizagem inicial para a equipa SOC.

- Necessidade de ajustar regularmente os algoritmos para reduzir os falsos positivos.

12.3 Estudo de caso 2: Uma organização de saúde

Contexto

Uma rede de hospitais registou um aumento de ataques aos seus dados médicos sensíveis, pondo em risco a vida dos doentes e a conformidade com a HIPAA.

Objectivos

1. Proteção dos registos de saúde electrónicos (EHR).

2. Responder rapidamente ao ransomware.

3. Manter a disponibilidade dos sistemas críticos 24 horas por dia, 7 dias por semana.

Implementação

1. Implementação do SIEM

- Solução escolhida: IBM QRadar.

- Razões: Capacidade de integrar registos de dispositivos médicos e sistemas SCADA ligados.

2. Reforço com IA

- Utilizar o Watson na cibersegurança para correlacionar eventos em tempo real.

- Modelos de IA treinados para identificar comportamentos invulgares em equipamentos médicos (por exemplo, utilização anormal de um scanner de ressonância magnética).

3. Respostas automatizadas

- Isolamento imediato de dispositivos infectados através de scripts automatizados.

- Notificações em tempo real para as equipas de TI e médicas.

Resultados obtidos

Benefícios

1. Prevenção do ransomware: Não foram registados incidentes graves desde a implementação.

2. Redução do tempo de resposta: de várias horas para menos de 30 segundos.

3. Maior confiança: Melhoria das auditorias e certificações HIPAA.

Desafios

- Integração complexa de dispositivos IoT médicos.

- São necessários ajustamentos constantes para adaptar as regras ao ambiente clínico.

12.4 Estudo de caso 3: Uma multinacional no sector da energia

Contexto

Um fornecedor de energia foi alvo de ataques sofisticados às suas redes SCADA, que são fundamentais para o fornecimento de eletricidade.

Objectivos

1. Identificação e prevenção de ataques APT (Ameaças Persistentes Avançadas).

2. Garantir a resiliência da rede em caso de incidente.

3.Reforço das capacidades de vigilância das infra-estruturas de tecnologias operacionais (OT).

Implementação

1. Implementação do SIEM

- Solução escolhida: ArcSight ESM.
- As razões: A sua especialização na gestão de sistemas SCADA.

- Acções: Monitorização das actividades de rede em ambientes IoT sensíveis.

2. Utilizar a IA

- Algoritmos específicos para detetar anomalias na rede, como comandos maliciosos injectados nos sistemas de controlo.

3. Colaboração e Simulação

- Organização regular de exercícios de simulação de ciberataques (red teaming).

- Trabalhar com as entidades reguladoras nacionais para alinhar as medidas de segurança.

Resultados obtidos

Benefícios

1. Maior resiliência: Não foi registado qualquer impacto importante apesar de várias tentativas de intrusão.

2. Identificação proactiva: Deteção de APTs antes de obterem acesso a sistemas críticos.

3. Redução das interrupções: manutenção do fornecimento de energia sem grandes interrupções.

Desafios

- Elevados custos de formação para as equipas EO/SOC.

- Soluções à medida para redes SCADA.

12.5 Conclusão dos estudos de caso

Os estudos de casos mostram que a integração SIEM-IA produz resultados impressionantes quando realizada com um planeamento cuidadoso. No entanto, essas experiências também destacam a importância de :

- Formação regular da equipa.

- Monitorização e ajustamento dos algoritmos para se adaptarem a ambientes específicos.

- Trabalhar com parceiros externos para maximizar a eficiência.

13. APÊNDICES E RECURSOS ADICIONAIS

13.1 Glossário de termos-chave

SIEM (Gestão de Informações e Eventos de Segurança) : Um sistema para gerir informações e eventos de segurança.

SOC (Centro de Operações de Segurança) : Centro de segurança operacional onde as ameaças são analisadas.

SOAR (Security Orchestration, Automation, and Response): Automatização da resposta a incidentes.

Informações sobre ameaças: Informações sobre ameaças, recolhidas e analisadas para antecipar ciberataques.

APT: (Advanced Persistent Threat) Ataque sofisticado e prolongado que visa uma organização.

IoT (Internet of Things): Objectos ligados que podem comunicar através de uma rede.

OT (Operational Technology): Tecnologias dedicadas ao controlo de sistemas industriais.

13.2 Comparação de soluções SIEM-IA

Splunk ES Integração avançada, análise baseada em IA. Custo elevado e curva de aprendizagem acentuada.

IBM QRadar Excelente correlação de eventos. Complexidade para grandes ambientes.

Azure Sentinel Baseado na nuvem, fácil de integrar com a Microsoft. Depende da nuvem do Azure.

Desempenho do ArcSight ESM para ambientes industriais. Interface de utilizador envelhecida.

13.3 Guia prático: Introdução ao SIEM e à IA

Fase 1: Identificação das necessidades

1. Mapeamento dos activos críticos: Identificar os sistemas, dados e processos a serem protegidos.

2. Avaliar potenciais ameaças: Exemplos: ransomware, ataques internos, espionagem.

Passo 2: Seleção de ferramentas

1. Compare as funcionalidades SIEM de acordo com o seu sector.

2. Examinar as integrações disponíveis com ferramentas de IA ou SOAR.

Fase 3: Implantação progressiva

1. Criar um projeto-piloto numa divisão-chave para avaliar a eficácia.

2. Integrar gradualmente outras unidades.

13.4 Ferramentas e quadros recomendados

1. Quadros de cibersegurança

- Quadro de Cibersegurança do NIST: Estruture as suas estratégias de segurança.

- MITRE ATT&CK: Compreender as técnicas utilizadas pelos atacantes.

2. Ferramentas de código aberto

- Elastic SIEM: uma solução gratuita e escalável para gerir registos.

- OSSEC: Sistema de deteção de intrusões (IDS) para complementar o SIEM.

14. PANORÂMICA E PERSPECTIVAS

14.1 Visão geral: A aliança entre SIEM e IA

A cibersegurança moderna está a evoluir rapidamente e a integração das tecnologias SIEM e da inteligência artificial (IA) representa um grande passo em frente na luta contra as ameaças digitais. Este guia explorou em pormenor os aspectos técnicos, estratégicos e organizacionais desta sinergia.

14.1.1 Principais conclusões

1. Capacidades melhoradas:

- O SIEM permite a recolha e a correlação de eventos em grande escala.

- A IA complementa esta capacidade através da automatização da análise de dados e da antecipação de ameaças.

2. Deteção e reação aceleradas:

- Com a IA, o tempo médio de deteção (MTTD) e de resposta (MTTR) é drasticamente reduzido, minimizando o impacto dos ciberataques.

3. Resiliência organizacional:

- A utilização combinada de SIEM e IA garante uma adaptação contínua a novas ameaças.

- Promove também uma maior conformidade regulamentar e uma gestão proactiva dos riscos.

14.1.2 Desafios remanescentes

1. Complexidade da integração :

- O alinhamento das ferramentas SIEM com modelos de IA personalizados requer conhecimentos avançados.

2. Falsos positivos* :

- Embora reduzidos pela IA, continuam a ser um desafio em ambientes complexos.

3. Evolução das ameaças:

- Os ciberataques exploram eles próprios a IA, exigindo uma inovação constante para manterem a sua vantagem.

14.2 Perspectivas futuras

14.2.1 A IA como pilar da cibersegurança

1. Cibersegurança preditiva:

- Com a aprendizagem não supervisionada, a IA será capaz de antecipar os ciberataques antes mesmo de eles acontecerem.

2. Modelos Cognitivos Avançados:

- A IA generativa será capaz de simular cenários de ataque realistas para preparar as organizações para vários cenários.

3. Cibersegurança autónoma:

- Os futuros sistemas que combinam SIEM e IA serão capazes de responder de forma totalmente autónoma à maioria dos incidentes.

14.4 Conclusão

A aliança entre SIEM e IA marca uma etapa crucial na evolução da cibersegurança. Esta parceria tecnológica não só optimizará a gestão de ameaças, como também transformará a forma como as empresas pensam sobre a sua segurança digital. Ao apoiarem-se em estratégias sólidas, na inovação constante e na colaboração global, as organizações podem preparar-se para enfrentar os desafios das próximas décadas. A cibersegurança de amanhã não será apenas uma proteção reactiva, mas um pilar central da resiliência e da inovação organizacionais.
Julien Lamy

Especialista em cibersegurança https://www.linkedin.com/in/lamyjulien

15 REFERÊNCIA

1. **"Cybersecurity Threats, Malware Trends, and Strategies"** - John P. Carlin Este livro explora as ameaças modernas à cibersegurança e propõe estratégias para proteger as empresas contra ataques e malware complexos.

2. **"IA na Cibersegurança: Foundations and Applications** - Charles A. Kamhoua e Laurent Njilla Este guia aborda as aplicações práticas da IA na segurança das redes e apresenta casos de utilização concretos.

3. **"Implementação da Gestão de Informações e Eventos de Segurança (SIEM)** - David Miller **Um guia prático para compreender e implementar eficazmente soluções SIEM em ambientes complexos.**

4. **"The Cybersecurity Playbook"** - Allison Cerra Este livro fornece um roteiro estratégico para as empresas que pretendem integrar a cibersegurança nas suas operações.

5. **"Machine Learning for Cybersecurity Cookbook"** - Emmanuel Tsukerman Um recurso técnico que mostra como aplicar algoritmos de aprendizagem automática para detetar ciberameaças.

Artigos e publicações

1. **"The Role of Artificial Intelligence in Cybersecurity"** publicação da Gartner que detalha as tendências e previsões sobre o impacto da IA na gestão de ameaças.

2. **"The Future of SIEM: Trends and Innovations"** - Forrester Research Uma análise dos desenvolvimentos tecnológicos no domínio dos sistemas SIEM.

3. **"Combinar SIEM com aprendizagem automática para deteção de ameaças"** - IEEE Cybersecurity Journal
Este artigo técnico explora os benefícios da integração da IA nos SIEMs.

Sítios Web e blogues

1. **Krebson Security** (https://krebsonsecurity.com) Um blogue de leitura obrigatória para se manter a par das últimas tendências e ataques em matéria de cibersegurança.

2. **Escuro Reading** (https://www.darkreading.com) Uma fonte fiável de análises

aprofundadas e conselhos práticos sobre cibersegurança.

3. **MITRE ATTACK** (https://attack.mitre.org) Uma base de dados abrangente sobre as tácticas e técnicas dos ciber-atacantes.

Cursos e certificações online

1. **Coursera**: "Cybersecurity Specialization" - Universidade de Maryland Um curso abrangente que cobre as ferramentas básicas e avançadas, incluindo SIEM e IA.

2. **Udemy** : "Aprender a implementação do SIEM e a deteção de ameaças" Formação prática para compreender e utilizar as soluções SIEM.

3. **Instituto WITHOUT** : "SEC555: SIEM com análise tática" Certificação reconhecida para técnicas de análise SIEM em profundidade.

Normas e quadros de referência

1. **Quadro de Cibersegurança do NIST** (https://www.nist.gov/cyberframework) Uma referência essencial para a estruturação de uma estratégia de cibersegurança.

2. **ISO/IEC 27001**

Uma norma internacional para a gestão da segurança da informação.

3. **Estrutura MITRE ATT&CK**

Utilizado para compreender e cartografar ameaças avançadas.

ÍNDICE DE CONTEÚDOS

MIX
Papier aus verantwortungsvollen Quellen
Paper from responsible sources
FSC® C105338

Printed by Books on Demand GmbH, Norderstedt / Germany